Martin Kaubisch

Rainer Maria Rilke
Mystik und Künstlertum

SEVERUS

Kaubisch, Martin: Rainer Maria Rilke. Mystik und Künstlertum
Hamburg, SEVERUS Verlag 2015

ISBN: 978-3-95801-033-8
Druck: SEVERUS Verlag, Hamburg, 2015
Nachdruck der Originalausgabe von 1936

Der SEVERUS Verlag ist ein Imprint der Diplomica Verlag GmbH.

Bibliografische Information der Deutschen Nationalbibliothek:
Die Deutsche Nationalbibliothek verzeichnet diese Publikation in der Deutschen Nationalbibliografie; detaillierte bibliografische Daten sind im Internet über http://dnb.d-nb.de abrufbar.

SEVERUS

Meinen Dresdner Freunden

dankbar gewidmet

Inhalt

Die angeführten Stellen sind nach der Gesamtausgabe der Werke zitiert. (Rainer Maria Rilke: Gesammelte Werke I—VI; Leipzig Insel-Verlag 1927. (G. W.)

Gesang, wie du ihn lehrst, ist nicht Begehr,
nicht Werbung um ein endlich noch Erreichtes;
Gesang ist Dasein. Für den Gott ein Leichtes.

Rainer Maria Rilke
Sonette an Orpheus III.

I.

Auszugehen aus aller „Kreatürlichkeit" und Erscheinung, der Welt wie des eigenen Selbst geheimnisvoll zu „entwerden" und einzugehen in den „ewigen Grund", in das bild- und gestaltlose Eine, ja in das „lautere Nichts"[1]) das darf wohl als charakteristisches, letztes Bestreben jedes echten Mystikers gelten, zunächst ganz unabhängig davon, mit welchen besonderen, diesseitsbejahenden oder -verneinenden Wertungen sich dieses Grunderlebnis verbindet[2]).

Wie nun dieser eigentümliche seelische Entrückungszustand sich bildet, wie er in seiner Vollendung gefühlt wird, welche neuen inneren Welten er aufschließt, das ist weder philosophisch, noch psychologisch voll zu erfassen. Die selten Begnadeten, denen er in seltenen Stunden einer traumhaften Losgelöstheit und völligen Herzensbefriedung zuteil wird, stammeln ja selbst. Denn wo das Ewige sich erhebt, sind alle Worte zu Ende. Nur soviel darf man vielleicht andeutend sagen, daß der Mystiker in der „göttlichen Einung", wie es Meister Eckhart auf dem besonderen Boden des Christentums nennt, eine schöpferische Berührung mit dem Absoluten erlebt, daß eine echtmetaphysische, transzendente Gewalt ihn ergreift und ergreifend verwandelt; daß er eintritt in ein Reich jenseits aller Erscheinung und Individuation.

Wenn daher überragenden Mystikern die Erringung einer völligen „Windstille“, ja in gewissem Sinne eines „göttlichen Todes“[3]) der Seele, immer erneut als letztes Ziel ihrer Wünsche und höchste Sinn-Offenbarung vorschwebt und sie, infolge davon, diese ihre höchste Innenerfahrung sehr oft mit Ausdrücken, Formeln, Symbolen rein negativen Charakters bezeichnen, so erscheint diese ebenso kühne, wie seltsame Paradoxie dem tiefer dringenden Blicke als durchaus folgerecht und berechtigt. Denn alle Gestaltungsmöglichkeiten und Formen stammen ja durchaus von diesseits, aus der Welt der Erscheinungen, und können somit immer nur mittelbar, d. h. gleichnishaft und symbolisch, *stets aber durchaus unzulänglich und relativ* das Wesen jener jenseitigen Innenerfahrung zum Ausdrucke bringen.

Wie groß daher auch immer die Kraft, insbesondere die Sprachkraft, des echten Mystikers ist, in Gleichnis und Bild doch auf das bildlose Eine zu deuten, *das Unsagbare dennoch zu sagen*, immer wird ihm dieses hohe Vermögen doch nur ein Notbehelf bleiben, immer wird auch die stärkste mystische Bildkraft zuletzt in einer vollen Negation enden. Nur daß diese letzte Verneinung (von der Welt der Erscheinungen aus) sich zugleich in der mystischen Einung *verwandelt* in eine absolute Bejahung (von der Welt des ewigen Seins aus) dank einer geheimnisvollen Umschaltung, ja Neuschöpfung seelischer Art, die auch kongenialste Einfühlung und Intuition nicht mehr erkennend zu durchdringen vermag und deren überirdisch-gestaltlose Seligkeit vielleicht nur noch in persönlicher Verkörperung und opfernder Liebestat sich ausströmen kann. Denn „das Höchste, das Vorzüglichste am Menschen ist“ nun einmal „gestaltlos, und man soll sich hüten, es anders als in edler Tat zu gestalten“ (Goethe, Wahlverwandtschaften II, 7).

Blickt man nun von diesem äußersten Gipfel oder — schärfer gefaßt — von dieser alles bestimmenden Mitte der Welt des Mystikers hinüber in das glänzende Reich höchster künstlerischer Gestaltungen, so nimmt der forschende Blick sofort einen tiefen innerweltlichen Gegensatz wahr zwischen dem eben charakterisierten Zielwillen des Mystikers und dem beherrschenden Schaffensimpuls aller Kunst. Denn was will der Künstler? Nicht Entformung, Entselbstung, Entwerdung, sondern: Formung, Gestaltung, Verleibung, also genau das Gegenteil von dem, wonach der Mystiker strebt. Die Verwirklichung dieses künstlerischen Grundwillens ist aber nicht möglich ohne sinnliches Material und dessen besondere Gestaltungsgesetze, d. h. ohne die immer neue Vermählung des Künstlers mit seinem Stoff, sei dieser nun Farbe, Stein, Wort oder Ton. Mag daher alle echte und höchste Kunst stets auch mystische Elemente enthalten, mag sie sich, erdentrückend und erdentrückt, erheben bis zu einer symbolischen Gestaltung ihres Gehaltes und insofern mehr bedeuten als Kunst, d. h. — die notwendigen Schranken jeder künstlerischen Form überflutend — auch ihrerseits emporwachsen zu einer besonderen Offenbarung des Absoluten — —, immer bleibt sie an die sinnenhafte Welt der Erscheinung gebunden, immer wirkt und kann sie nur wirken durch das besondere Material, in dem der Künstler gestaltet.

Das gilt auch für die Kunst, die, ihrem Sondercharakter entsprechend, sich noch am ehesten von der Welt der Erscheinungen lösen und in das freischwebende Reich souveräner Innerlichkeit zurückziehen kann und die man deshalb sehr wohl als die eigentlich metaphysische, ja mystische Kunst ansprechen darf: für die Musik. Denn wie sehr auch z. B. die höchsten Schöpfungen Bachs oder Beethovens letzte Quartette in der traumhaften Losgelöstheit einer völlig abstrakten Klangwelt voll einer durchaus mystisch-transzendenten Seligkeit atmen — auch diese fast schon „überweltliche Welt“, in der sich die mystischste Kunst noch einmal selbst übergipfelt, trägt noch der Ton als sinnliches Element, auch sie baut sich noch auf nach den besonderen musikalisch-materialen Gestaltungsgesetzen, die selbst das einfachste Volkslied verbinden mit der fugischen Polyphonie der ewigen Gipfel (Bach). Daraus aber folgt zwingend und unerbittlich: je mehr ein künstlerisch gestaltender Mensch — immer tiefer mystisch ergriffen — gleichsam zurücktritt aus der sinnenhaften Welt der Erscheinungen, um so gewisser läuft er Gefahr, sich des eignen Gestaltungsmaterials und mit ihm auch seiner höchsten Selbstverwirklichungsmöglichkeit zu berauben. Das heißt aber — auf eine letzte philosophische Formel gebracht: absolute Mystik vernichtet die Kunst.

II.

Es ist nun der eigentümliche Reiz, ja das Einzigartige der geistigen Gestalt Rainer Maria Rilkes, daß dieser Dichter in ebenso hohem Maße Künstler wie Mystiker ist, daß diese beiden, an sich entgegengesetzten seelischen Typen und Lebensformen in ihm sich kreuzen, ja organisch verschmelzen; doch so, daß die nun einmal wesensgesetzlich gegebene innere Gegensatzspannung sich immer von neuem entzündet und in der dichterisch-künstlerischen Gestaltung — und hier liegt vielleicht der tiefste Grund für die erstaunliche seelische Produktivität Rilkes — sich schöpferisch löst. Will man daher Rilkes Wesen, den Menschen und Künstler, in der Tiefe erfassen, so muß man vor allem verfolgen, wie sich in ihm Mystik und Künstlertum gegenseitig befruchtend durchdringen, wie demutgetragene, selbst- und gestaltlose, ja gestaltauflösende Hingabe an das bildlose Eine und dennoch versuchte Gestaltung, Verkündung und Formung des Absoluten in ihm verschmelzen. Denn das ist die eigentümliche, aus der Polarität seiner Begnadung sich erhebende Paradoxie seines Schaffens: das bild- und gestaltlose Eine dennoch zu bilden, das „Unsägliche" — ein Lieblingswort Rilkes — dennoch zu sagen, das Unendlich-Unfaßbare doch zu gestalten. Durch Rilkes gesamtes Schaffen geht diese

Spannung und dieser Kampf und zugleich das Bemühen, der immer neu sich erhebende Drang, diese Gegensätze irgendwie zu versöhnen und zu einem inneren Ausgleich zu bringen, in dem der Künstler in immer wachsendem Maße zum Organ des Mystikers wird.

Als erstes Hauptzeugnis für diesen Kampf darf wohl das Stundenbuch gelten. Das große Objekt, das Rilke in diesem Buche in immer neuen Bildern und Tönen umkreist, umschreibt und umschweigt, ist das ewige Du: Gott und das Göttliche selbst. Da aber dieses „Objekt der Objekte" als das „Ganz-Andere"[4]) letzten Endes stets transzendent bleibt und somit menschlichen Herzen und Händen nie zu erreichen, zu fassen — so erlebt auch Rilke immer erneut die typische Tragik des echten Mystikers[5]), insofern auch er trotz seiner hohen dichterischen Begnadung und der überragenden Kraft seines künstlerisch-sprachlichen Könnens vor der Übergewalt des Jenseitig-Absoluten zuletzt in Schweigen und Negation endet.

Einige besonders charakteristische Stellen mögen dies zeigen:

„Du bist so groß, daß ich schon nicht mehr bin,
wenn ich mich nur in deine Nähe stelle.
Du bist so dunkel; meine kleine Helle
an deinem Saum hat keinen Sinn." *(II, 192.)*

Ein echtes Mystikerbekenntnis, ganz erfüllt von der Übermacht göttlicher Schau und der menschlichen Unzulänglichkeit, sie zu fassen. Wer das erfuhr, in so vollkommener Demut erfuhr, der müßte eigentlich auf der Stelle verstummen. Denn er ahnt nicht nur, sondern weiß, daß Gott, „der Große", „Dunkle", „Rätselhafte", sich letzten Endes stets „verschweigt": „Zu groß und schwer zu jeglichem Bedarfe" und uns, den Nie-Gewachsenen, „wie eine Harfe, an welcher jeder Spielende zerschellt!" (II, 284). Denn wenn Er auch der „Fürst im Land des Lichts", so steht doch Seine Stirn „so steil am großen Glanz des Nichts, daß Er, versengten Angesichts, nach Finsternissen fleht."

Indessen: zu mächtig bedrängt, aus geheimnisvollen Tiefen des Unterbewußtseins aufsteigend, die Überfülle des Absoluten, die rastlos strömende Liebesgewalt des ewigen Du, als daß der also Berufene die Wiederkehr dieser höchsten Begnadung nicht irgendwie zu ergreifen und auszudrücken versuchte.

Und so strebt zunächst der Mensch Rilke vor allem Gott zu verherrlichen, nicht nur durch Wort und Gebet, sondern durch Reifen und Tun[5]).

„Und möchte viele Pilger sein,
um so, ein langer Zug, zu dir zu gehn,
und um ein großes Stück von dir zu sein:
du Garten mit den lebenden Alleen." *(II, 257.)*

Der Künstler und Dichter aber, zugleich nach Goethe und Nietzsche einer der wenigen deutschen Sprachschöpfer, kann nicht rasten und ruhn — und hier offenbart sich eben die Paradoxie seiner Doppelbegabung — er muß Gott irgendwie fassen und formen in Bild und Wort. Und zwar in einem neuen, doch anderen

Sinne als frühere Dichter, die nicht so ausgesprochen Verkünder und Mystiker waren und die, nach Rilkes eigener Intuition, Gott oft „verstreuten". — „Es ging ein Sturm durch alles Stammeln" —, er aber will: Gott „wieder sammeln in dem Gefäß, das ihn erfreut". Sehr kühn und mit vollem Bewußtsein stellt Rilke so seine eigene Dichtung, seine ganz besondere Beschwörung des Absoluten, nahezu aller bisherigen Lyrik entgegen.

Und mit dieser Ahnung einer neuen dichterischen Berufung, die eben erwächst aus der geheimnisvollen Vermählung von Künstlertum und Mystik in Rilke, steigt zugleich ein neuer Glaube in ihm empor an neue Möglichkeiten des Sagens und Sehens, an neue Formen der künstlerischen Gestaltung; allerdings auch genährt von der tiefen Erfahrung neuer Herzensgehalte, von der Unerschöpflichkeit des großen Objektes, dem Rilkes gesamte Dichtung geweiht ist und das — Urgrund und Ziel jedes echten Enthusiasmus — auch ihn zu immer neuen Verkündigungen begeistert. Denn wie jener Antäus in der Welt des althellenischen Mythos immer von neuem Kraft schöpft aus der Berührung mit der mütterlich begnadenden Erde, so jeder echte Mystiker aus jeder neuen Begegnung mit dem Geheimnis des Absoluten.

Sogleich auf einer der ersten Seiten des Stundenbuches hat Rilke diese Erfahrung, diese Aufgabe und diesen Glauben an die Sonderart seines Dichtertumes bekannt, eines der entscheidendsten Selbstzeugnisse, das wir von ihm besitzen und das deshalb ungekürzt folge:

„Ich glaube an alles noch nie Gesagte.
Ich will meine frömmsten Gefühle befrein.
Was noch keiner zu wollen wagte,
wird mir einmal unwillkürlich sein.

Ist das vermessen, mein Gott, vergib.
Aber ich will dir damit nur sagen:
Meine beste Kraft soll sein wie eine Trieb,
so ohne Zürnen und ohne Zagen;
so haben dich ja die Kinder lieb.

Mit diesem Hinfluten, mit diesem Münden
in breiten Armen, ins offene Meer,
mit dieser wachsenden Wiederkehr
will ich dich bekennen, will ich dich verkünden,
wie Keiner vorher." (II, 181.)

Und so häuft und beschwört Rilke unter dem göttlichen Zwang dieser Sendung Wort um Wort, Bild um Bild, Melodien um Melodien, um das wort- und bildlose Eine, das Mysterium des ewigen Schweigens, doch sichtbar und sagbar zu machen.

Zwei Erscheinungen aber sind dabei noch besonders charakteristisch. Zunächst die überraschende, logisch absolut unbegreifliche, nur mit dem Gefühl zu erfassende und darin echt mystische Paradoxie der Rilkeschen Bilder. Denn was ist Gott?

„Du bist der Tiefste, welcher ragte,
der Taucher und der Türme Neid.

Du bist der Sanfte, der sich sagte,
und doch: wenn dich ein Feiger fragte,
so schwelgtest du in Schweigsamkeit.

Du bist der Wald der Widersprüche.
Ich darf dich wiegen wie ein Kind,
und doch vollziehn sich deine Flüche,
Die über Völkern furchtbar sind!" (II, 206.)

Man erkennt den tieferen Sinn dieser ausgesprochen mystischen Dialektik: Gerade weil Gott durch kein Wort und kein Bild, geschweige durch Gedanke und Logik, erfaßt werden kann, weil er nur lebt in der letzten Tiefe und Einheit des mystisch gesteigerten Gefühls, eben darum sind gerade die widersprechendsten Bilder besonders geeignet, um diesen alogisch-irrationalen Charakter jeder echten Gotteserfahrung deutlich zu machen — um so mehr, als Er doch selbst, als der absolut Einige-Eine, alle diese Widersprüche und Spannungen in sich umfaßt und damit zugleich überwindet und aufhebt. Es ist jene alte, auch in der Geschichte der mystischen Philosophie immer wiederkehrende Innenerfahrung — der „coincidentia oppositorum" — des Zusammenfallens aller Gegensätze in der mystischen Einung, der absoluten Gottverbundenheit des Gefühls, die hier in Rilkes dichterischer Gestaltung eine überraschende Auferstehung erlebt.

Die andere charakteristische Eigentümlichkeit aber ist die, daß Rilke Gott — zunächst — nicht durch Gesichte erfährt, also „Gott schaut", sondern seelisch ertastet, erfühlt und vor allem Gott hört. Eben darum bedarf es ja jener tiefen inneren Stille, jenes vollkommenen Schweigens. Denn Gott — „das ist der Leiseste von allen, die durch die leisen Häuser gehn“ (II, 205). Und damit er die Stimme dieses göttlichen Schweigens immer reiner vernehme und sie immer lauterer widertöne in ihm, darum die immer erneute Bitte des Dichters an das eigene Selbst: „Vor lauter Lauschen und Staunen sei still, du mein tieftiefes Leben.“ (Frühe Gedichte; I, 271). Denn nur in dieser Haltung tiefster seelischer Sammlung, in dieser Urgebärde des Lauschenden wird der geheimste Herzschlag der Dinge vernehmbar:

„Hörst du, Geliebte, ich hebe die Hände —
hörst du: es rauscht . . .
Welche Gebärde der Einsamen fände
sich nicht von vielen Dingen belauscht?
Hörst du, Geliebte, ich schließe die Lider,
und auch das ist Geräusch bis zu dir,
hörst du, Geliebte, ich hebe sie wieder . . .
. . . Aber warum bist du nicht hier.“

(Buch der Bilder II, 21.)

Auch hier ist es wieder eine uralte Innenerfahrung, die in diesem Vorrang des Hörens sich kundgibt: daß nämlich das Ohr gleichsam das metaphysischere Organ sei gegenüber dem Auge, daß es der Welt des Göttlichen noch näher stehe als das Gesicht.

Jedenfalls bezeugt sich darin — wie in Rilkes gesamtem Schaffen — die Gewalt derjenigen Kunst, die der

Mystik am nächsten verwandt ist, die Gewalt der Musik.

Denn ein Gewebe von Rhythmen, ein Geflecht von Tönen, ein Teppich von Musik, hinflutend in „unendlicher Melodie“ und an den Höhepunkten bis zu symphonisch-polyphoner Sprachgestaltung sich erhebend — das ist Rilkes Dichtung, vorwiegend doch dionysisch-orphischen, nicht apollinisch-plastischen Charakters — wenn man von den vor allem unter dem Einfluß Rodins entstandenen „Neuen Gedichten“ absieht. Und getrost darf man sagen, daß kein neuerer deutscher Dichter nach Nietzsche die musikalischen Möglichkeiten der deutschen Sprache so kühn und so verschwenderisch ausgebeutet hat wie eben Rilke.

Aber nicht allein um die Form handelt es sich. Schon die Art des Erlebens ist tief musikalisch bei Rilke. Aus orphischer Erde und Welt erwächst ihm sein neues Erlebnis der „Dinge“: — „Die Dinge singen hör ich so gern“ (Frühe Gedichte I, 353) — und sein neues Ahnen und Künden des — werdenden, reifenden, tönenden — Gottes:

„*In deinen langen Bogengängen*
begegneten die Dichter sich
und waren Könige von Klängen
und mild und tief und meisterlich.“

(*Stdb. II, 214.*)

Und wie sehr auch Rilke im Laufe seiner reichen Entwicklung sich wandelt und mit wachsender künstlerischer und menschlicher Reife immer härter sich müht, nicht mehr sich selbst und sein Gefühl über die Dinge, sondern diese selber zu geben, „sich hart in Worte zu verwandeln, wie sich der Steinmetz einer Kathedrale verbissen umsetzt in des Steines Gleichmut" (Requiem[6])) — der musikalische Grundton bricht doch zuletzt wieder durch. Das bezeugen, wahrhaft symbolisch für Rilkes Wesen und Werk, die „Sonette an Orpheus" nicht minder, als vor allem die „Duineser Elegien", dieser letzte Gipfel von Rilkes Schaffen und — nach Hölderlins Nachtgesängen und Nietzsches Dionysos-Dithyramben — ein Gipfel deutscher Weltdichtung überhaupt. Und dort, in der ersten Elegie, findet sich auch die unvergeßliche Stelle, an der Rilke, natürlich ganz unbewußt-dichterisch-intuitiv, die besondere Art seiner Inspiration, das Geheimnis seiner Gestaltung in der wundersamen Verflechtung von Mystik, Künstlertum und Musikalität in einer wahrhaft kanonischen Verkündigung uns verrät:

„Stimmen, Stimmen. Höre, mein Herz, wie sonst nur
Heilige hörten: daß sie der riesige Ruf
aufhob vom Boden; sie aber knieten,
Unmögliche, weiter und achtetens nicht:
so waren sie hörend. Nicht daß du Gottes ertrügest
die Stimme, bei weitem. Aber das Wehende höre,
die ununterbrochene Nachricht, die aus Stille sich bildet."

(Duineser Elegien G. W. III, 261.)
(1. Elegie.)

III.

Mit alledem ist freilich der Kreis der Probleme, die das Thema Mystik und Künstlertum in seiner besonderen Beziehung zu Rilke aufgibt, noch keineswegs erschöpft. Vielmehr erhebt sich vor allem die weitere Frage nach Wesen und Art der Rilkeschen Mystik. –

Wenn man das Stundenbuch, das Rilke selbst bis zuletzt in seiner wesentlichen Bedeutung voll anerkannt hat, heute unvoreingenommen, mit lebendigem, aufgeschlossenem, gegenwartsnahem Empfinden liest, so wird man zwischen tiefer Ergriffenheit und Beglückung und – leidenschaftlicher Ablehnung merkwürdig hin- und hergeworfen. Geht man dann aber dieser eigentümlichen Tatsache nach, so scheiden sich die vielen Gedichte des Buches allmählich ganz klar in zwei Gruppen, von denen man die eine fast mit einem negativen, die andere mit einem positiven Vorzeichen versehen möchte.

Ich verfolge zunächst die Gruppe mit dem negativen Vorzeichen und frage: warum wir uns heute zu diesen Gedichten des Stundenbuches nicht mehr zu bekennen vermögen. Wir lesen z. B. Strophen wie diese:

„Was wirst du tun, Gott, wenn ich sterbe?
Ich bin dein Krug (wenn ich zerscherbe?).
Ich bin dein Trank (wenn ich verderbe?).

Bin dein Gewand und dein Gewerbe,
mit mir verlierst du seinen Sinn."

(G. W. II, 198);

oder:

„Ich weiß: du bist der Rätselhafte,
um den die Zeit in Zögern stand.
O wie so schön ich dich erschaffte
in einer Stunde, die mich straffte,
in einer Hoffart meiner Hand." *(G. W. II, 207);*

oder:

„Meine Freunde sind weit,
ich höre kaum noch ihr Lachen schallen;
und du: du bist aus dem Nest gefallen,
bist ein junger Vogel mit gelben Krallen
und großen Augen und tust mir leid."

(G. W. II, 188);

oder:

„Du bist der Schlichte, welcher sparte.
Du bist der Bauer mit dem Barte
von Ewigkeit zu Ewigkeit." *(G. W. II, 200.)*

Ich weiß nicht, ob auch andere Leser gegenüber diesen Gedichten die gleiche instinktive Ablehnung empfinden wie ich. Mir scheint in ihnen ein wesentlicher Zug des großen Objektes, das sie verherrlichen, entschieden verletzt. Ein Zug, den wir heute nach vier Jahren Weltkrieg, fünfzehn Jahren bolschewistischer Dämonie und nach all den Erschütterungen, durch die auch Deutschland, das zeitliche und das ewige Deutschland, hindurchgehen mußte, aus dem freilich stets nur geahnten göttlichen Antlitz nicht mehr hinwegzudenken vermögen, und das ist: die majestas dei, Gottes Majestät. Zu dieser Majestät Gottes aber gehört nicht nur die Allmacht, wie sie ja auch in der Absolutheit der Todesentscheidung immer wieder hervortritt, sondern auch die Ferne, die Distanz, der Abgrund zwischen Schöpfer und Geschöpf. Gerade diesen Abstand aber zwischen Gott und Mensch, den der spätere Rilke immer tiefer erkannt und anerkannt hat[7]), ist hier in diesen Gedichten des Stundenbuches verletzt. Ja man darf sagen: in ihnen — aber nur in ihnen — ist das echte, das ursprüngliche Verhältnis von creatura und creator, von Schöpfer und Geschöpf gerade umgekehrt, d. h. der mystisch ergriffene und verzauberte Mensch wird hier geradezu zum Schöpfer Gottes: „O wie so schön ich dich erschaffte . . . in einer Hoffart meiner Hand“ (II, 207).

Kein Wunder, wenn Rilke schließlich zu dichterischen Verkündigungen kommt, in denen Gott nicht mehr als Vater erscheint, sondern als — Sohn. Ich gebe eine einzige Stelle:

„Du Ewiger, du hast dich mir gezeigt.
Ich liebe dich wie einen lieben Sohn,
der mich einmal verlassen hat als Kind,
weil ihn das Schicksal rief auf einen Thron,
vor dem die Länder alle Täler sind.
Ich bin zurückgeblieben wie ein Greis,
der seinen großen Sohn nicht mehr versteht
und wenig von den neuen Dingen weiß,
zu welchen seines Samens Wille geht.

Ich bin der Vater; doch der Sohn ist mehr,
ist alles, was der Vater war, und der,
der er nicht wurde, wird in jenem groß;
er ist die Zukunft und die Wiederkehr,
er ist der Schoß, er ist das Meer . . .“

(G. W. II, 235/236.)

Allerdings werden diese Gedichte gespeist von einer echt mystischen Intuition: von der inneren Sicht eines in seiner Schöpfung, insbesondere aber im Menschen, noch werdenden und reifenden Gottes. Das immer wache und dem geheimsten Leben der Dinge lauschende Herz des Dichters wird hier gleichsam zum lebendigen Bewußtsein der Schöpfung selbst. Außerdem ist es ja wirklich, auch nach der Auffassung Plotins und Goethes, der Vorzug lebendiger Zeugung, daß das Gezeugte vortrefflicher, vollkommener sein kann als das Erzeugende. Indessen: selbst wenn man diese tiefen und geheimnisvollen Bezüge rein innerweltlich-symbolisch auffaßt, — sie gelten doch immer nur für die geschöpfliche Welt, niemals aber für Gott selber: den Schöpfer! Überträgt man sie dennoch auf diesen, so überschreitet man die ewige Grenze, die uns Menschen nun einmal gesetzt ist. Und so werden auch diese Gedichte Rilkes zu Zeugnissen jener übersteigerten menschlichen Selbstherrlichkeit und Autonomie, an denen das 19. Jahrhundert so reich ist; und es laufen von diesem mystischen Gott-Schöpfertum Rilkes doch Fäden, wenn auch unendlich zarte, hinüber zu dem gottlosen Übermenschentum Nietzsches oder auch zu der grandios-dämonischen Konzeption eines „Mensch-Gottes“ bei Dostojewski (vgl. die Gestalt des Kirilloff in den „Dämonen“).

Vergleicht man aber, religionsgeschichtlich und religionspsychologisch, die besondere Art der Mystik, wie sie in diesen Gedichten Rilkes hervortritt, mit den typischen Grundformen mystischer Religiosität und mystischen Verhaltens überhaupt, so entdeckt man ihre tiefe Verwandtschaft mit jener reinen Seelen- oder Immanenzmystik, wie sie auf altindischem Boden besonders in der atheistischen Mystik des Buddhatums und des Yoga hervortrat. Innerhalb der abendländischen Welt aber wäre vor allem die Mystik des Angelus Silesius zu nennen, der in seinem „Cherubinischen Wandersmann“ ja auch — höchst autonom — die Existenz des lebendigen Gottes geradezu abhängig macht von der Existenz der menschlichen Seele. Charakteristisch für diese Art Mystik ist also tatsächlich das, was wir auch an Rilkes Gedichten zu zeigen versuchten: die Verletzung der majestas dei, die Umkehrung des Ur-Verhältnisses Schöpfer-Geschöpf, die Überspannung der Autonomie des Menschen und, als notwendige Folge, die Unfähigkeit, aus der reinen Immanenz des mystischen Gefühls vorzustoßen in die Sphäre der Transzendenz.

Unsere Ablehnung dieser besonderen Seite der Rilkeschen Mystik bedeutet also, religionsgeschichtlich gesehen, zugleich eine Ablehnung der reinen Immanenzmystik überhaupt. Denn wenn wir heute, nach der Wende des großen Krieges, wesenhaft-religiös etwas erfahren und erkannt haben, so ist es gerade die unentrinnbare majestas dei, die ewige Grenze des Menschen sowie die unbedingte Herrschaft des Schöpfers über sein Geschöpf.

Es bleibt das große, heute schon historisch gewordene Verdienst vor allem der dialektischen Theologie, daß sie diese Zusammenhänge, diese innerweltliche Situation und diesen Protest zu erschütternder und weg-weisender Klarheit herausgearbeitet hat. Wenn freilich dieselbe Theologie von hier aus dann zu einer grundsätzlichen Ablehnung aller Mystik und damit zuweilen auch zu einer weltanschaulichen Ablehnung Rilkes gelangt, so macht sie sich ihrerseits einer Grenzüberschreitung schuldig, die auf das entschiedenste zurückgewiesen werden muß. Viel zu tief und zu groß ist der Reichtum schon der Grundgestalten und -formen der Mystik, die Gesamterscheinung der Weltmystik ein viel zu kompliziertes Gebilde, als daß man sie mit einigen aus den großen Einsichten Kierkegaards gewonnenen Sätzen, deren hohe Gegenwartsbedeutung damit durchaus nicht geleugnet werden soll, wirklich seelisch bewältigen oder auch dogmatisch abtun könnte. Vor allem aber verkennt die dialektische Theologie, daß schon in Alt-Indien, das ja bereits alle Stufen und Grade mystischer Versenkung, Entrückung und Erschütterung durchlebt und durchdacht hat, der reinen Seelen- oder Immanenzmystik die echte Gottesmystik gegenübersteht und daß für diese die Vereinigung von Atman und Brahman oder, christlich gesprochen, die echte Unio Mystika, nicht einen Akt der Selbstvergottung bedeutet, sondern durchaus erlebt und an den Höhepunkten auch ausgesagt wird als Gnadenakt des in die Seele des Menschen einbrechenden Gottes. Deshalb bedeutet auch für den wahrhaften Gottes-Mystiker, der sich in die Tiefe der eigenen Seele versenkt, in den geheimnisvollen „Weltinnenraum", wie es Rilke einmal sehr schön genannt hat, diese Seele nicht etwas Rein-Immanentes, sondern — genau wie für die dialektische Theologie — das „Ganz-Andere"[8]), das der gesamten Welt der Erscheinungen oder der Inkarnation auf ewig gegenübersteht. Denn die menschliche Seele ist nun einmal, bei aller Liebe zur Erde sei es gesagt, in letzter Tiefe „ein Fremdes auf Erden" (Georg Trakl), denn sie ist überirdischen — göttlichen Ursprungs. Was aber die berühmte coincidentia oppositorum, das Zusammenfallen aller irdischen Gegensätze in der mystischen Einung, anlangt, einen Vorgang, den die dialektische Theologie so gern nur rein negativ als Flucht vor der Spannung und Tragik der Existenz und der geschichtlichen Wirklichkeit deutet, so ist auch hier zu entgegnen, daß diese Einung doch stets nur für Momente erreicht wird und daß selbst der begnadetste Mystiker dann wieder hinaustritt in die Welt und das Leben, in die ganze Spannung und Tragik seiner persönlichen und geschichtlichen Existenz. Schon Čankara und an den Höhepunkten seiner Verkündigung auch Meister Eckhart haben um diese Tragik sehr wohl gewußt. Nicht der Abgeschiedenheit der Kontemplation gibt Eckhart den Preis, sondern der Abgeschiedenheit mitten im schaffenden und tätigen Leben; nicht Maria, die Lauschende, Schauende, krönt er, sondern — hier in direkter Umkehrung des neutestamentlichen Textes — Martha, die Schaffende, Wirkende — das Evangelium der Tat!

Endlich sollte auch die dialektische Theologie nicht völlig vergessen, daß die menschliche Seele, in deren unergründliche Tiefen der Mystiker eintaucht, doch eben das geheimnisvolle Organ ist, durch das allein sich Gott uns offenbaren und ohne deren volles Erwachtsein uns auch die Mittlerschaft Christi niemals zuteil werden kann. „Ich mühe mich an den Söhnen der Menschen, aber sie sind blind im innersten Herzen." (Christus.)

So sehr wir also die reine Immanenzmystik heute ablehnen und ablehnen müssen, — so wenig die echte Gottesmystik, die aus der Fülle religiöser Urworte und Offenbarungen nun einmal nicht hinwegzudenken ist. —

Das alles aber gilt nun, mit bestimmten Abwandlungen natürlich, auch für die Dichtung Rainer Maria Rilkes, in der sich Mystik und Künstlertum auf eine so einzigartige Weise verbinden. Und damit komme ich nun auf jene zweite Gedichtgruppe innerhalb des Stundenbuches zurück, die wir auch heute durchaus mit einem positiven Vorzeichen versehen müssen.

Ich gebe wieder einige Stellen:

„Ich liebe dich, du sanftestes Gesetz,
an dem wir reiften, da wir mit ihm rangen;
du großes Heimweh, das wir nicht bezwangen,
du Wald, aus dem wir nie hinausgegangen,
du Lied, das wir mit jedem Schweigen sangen,

du dunkles Netz,
darin sich flüchtend die Gefühle fangen.

— — — — — — — — — — — — —

Laß deine Hand am Hang der Himmel ruhn
und dulde stumm, was wir dir dunkel tun."

(G. W. II, 190);

oder:

„Du bist so groß, daß ich schon nicht mehr bin,
wenn ich mich nur in deine Nähe stelle.
Du bist so dunkel; meine kleine Helle
an deinem Saum hat keinen Sinn.
Dein Wille geht wie eine Welle,
und jeder Tag ertrinkt darin." (G. W. II, 192.)

Der Gott, der in diesen Gedichten gepriesen und angerufen wird, ist nicht der selbsterschaffene einer schrankenlos und autonom gewordenen Immanenzmystik. Nein: Hier spricht die echte Demut eines von Gott selbst in Kraft und Gnade angehauchten Dichters vor der Gewalt des überweltlichen Mysteriums, dem wir trotz aller Schöpferkraft und Herzensfülle als sterbliche Geschöpfe doch immer gegenüberstehn. Denn Gott ist in uns nur, weil wir in Ihm sind, und Schöpfer sind wir nur, weil wir Geschöpfe sind.

Und noch stärker in dem erschütternden Ausbruch — einem Höhepunkte des Stundenbuchs —:

„Lösch mir die Augen aus: ich kann dich sehn,
wirf mir die Ohren zu: ich kann dich hören,
und ohne Füße kann ich zu dir gehn,
und ohne Mund noch kann ich dich beschwören.

Brich mir die Arme ab, ich fasse dich
mit meinem Herzen wie mit einer Hand,
halt mir das Herz zu, und mein Hirn wird schlagen,
und wirfst du in mein Hirn den Brand,
so werd ich dich auf meinem Blute tragen.“

(G. W. II, 237.)

Hier spricht wirklich das wahre Grundverhältnis von Schöpfer und Geschöpf; hier tönt der echte Schrei der creatura zum creator, hier lebt und offenbart sich — Hiob. D. h.: Das große, unsterbliche Thema von der bedingungslosen Treue des leid- und todgeprüften Menschen gegen Gott: Hier hat ein Heutiger es neu gestaltet: „Ich will dich lieben ohne Lohne auch in der allergrößten Not.“ (Angelus Silesius.)

In die gleiche Richtung echter religiöser Erfahrung und Intuition weisen aber auch Verse wie diese:

„Du wirst nur mit der Tat erfaßt,
mit Händen nur erhellt;
ein jeder Sinn ist nur ein Gast
und sehnt sich aus der Welt.

— — — — — — — — —

Ich will nicht wissen, wo du bist,
sprich mir aus überall.
Dein williger Evangelist
verzeichnet alles und vergißt
zu schauen nach dem Schall.

Ich geh doch immer auf dich zu
mit meinem ganzen Gehn;

denn wer bin ich und wer bist du,
wenn wir uns nicht verstehn?"

(G. W. II, 211/212.)

Hier ist deutlich erfühlt und erkannt, daß die Erfüllung des Schöpferisch-Religiösen nicht in Anschauungen und Worten, auch nicht in Ritus und Kultus geschieht, sondern in Opfer und Dienst, in Beispiel und Tat. Denn: wenn der philosophische Mensch vor allem erkennt, der Künstler formt und gestaltet, so ist es die Leidenschaft der Verkörperung, durch die der religiöse Mensch sich verwirklicht. Wo diese fehlt, wird auch die herrlichste Verkündigung machtlos; entbehrt sie jener Himmelsgewalt, deren Ewigkeitsglanz das Antlitz der Erde verwandelt. Der Schluß des Gedichtes aber zeigt deutlich die Ahnung der ewigen Gottebenbildlichkeit des Menschen und daß nur unter dieser Voraussetzung, also auf Grund persönlicher, seelischer Lebensgemeinschaft — von Angesicht zu Angesicht — wahrhaftes Erkennen und Verstehen möglich ist. Endlich ein letztes Beispiel, eine der bekanntesten und bezauberndsten Stellen des Stundenbuches:

„Alle, welche dich suchen, versuchen dich.
Und die, so dich finden, binden dich
an Bild und Gebärde.

Ich aber will dich begreifen,
wie dich die Erde begreift;
mit meinem Reifen
reift
dein Reich." *(II, 244.)*

Hier wird zwar — im Geiste der Immanenzmystik — das Reifen des Gottesreiches noch abhängig gemacht vom Reifen des Menschen, aber es ist doch nicht mehr Gott selber, der „reift" und „wird", sondern Sein Reich! Außerdem aber deutet die wundervolle Intuition eines Gott entgegenreifenden Menschen, der „Gott begreift, wie Ihn die Erde begreift", wieder auf den Einsatz des ganzen Wesens, der ganzen Existenz im Dienste der Verwandlung und Verkörperung. —

Gegenüber diesen Höhepunkten bedeutet nun die im dritten Teile des Stundenbuches verkündete Todesmystik, die wohl als Rilkes ganz persönliches Eigentum gelten darf, trotz ihres Tiefsinns doch wieder eine leise Hinwendung zur Sphäre der Immanenz. Ich zitiere wieder die entscheidenden Stellen:

„O Herr, gib jedem seinen eigenen Tod,
das Sterben, das aus jenem Leben geht,
darin er Liebe hatte, Sinn und Not.

Denn wir sind nur die Schale und das Blatt.
Der große Tod, den jeder in sich hat,
das ist die Frucht, um die sich alles dreht."

(G. W. II, 273);

oder:

„— — — — — — — — — — — — — — —
Denn dieses macht das Sterben fremd und schwer,
daß es nicht unser Tod ist; einer, der
uns endlich nimmt, nur weil wir keinen reifen;
drum geht ein Sturm, uns alle abzustreifen.

Wir stehn in deinem Garten Jahr und Jahr
und sind die Bäume, süßen Tod zu tragen;
— — — — — — — — — — — —"

(G. W. II, 274.)

Gewiß: Das innige Einwohnen des Todes im Leben ist eine Urgegebenheit aller irdischen Existenz; schon rein biologisch, aber auch geistig und seelisch. Denn auch da leben und entwickeln wir uns nicht nur fortwährend, sondern vergehen und sterben auch unausgesetzt; und zwar um so mehr, je ursprünglicher, lebendiger, schöpferischer wir leben. Denn unser ewiges Herz ist ja nicht nur das glorreiche Kampffeld unserer inneren Überwindungen, Auferstehungen, Siege, sondern auch die schimmernde Totengruft all unsrer Erlebnisse und Begegnungen, und es gibt wirklich, durch alle unsere Lebenstage und -alter hindurch, ein ganz persönliches, individuelles Reifen unseres einmaligen, nie wiederkehrenden Todes. Eines Todes, der nicht äußerlich und mechanisch an uns herantritt, „wie der Dieb in der Nacht" (Nietzsche), sondern unbewußt und organisch sich in uns entfaltet, wie die Frucht sich entfaltet und wächst im Leibe der Mutter, bis wir ihn eines Tages — „gebären". Also ein Tod, der nicht nur blindes und unabänderliches Schicksal der Gattung, sondern Schöpfung der Persönlichkeit ist und der deshalb auch stets eine tiefe und geheimnisvolle Sinnbeziehung offenbart zwischen diesem ganz besonderen Leben und diesem ganz besonderen Tode. Und zwar sind es, wie die Geschichte bestätigt, sehr oft gerade die überragendsten Menschen, die Größten unseres

Geschlechtes, an denen diese Art eines individuell-organischen Sterbens am reinsten hervortritt. Denn „groß ist auch der Tod der Großen"[9]) und je mehr ein Mensch Charakter, Individualität, Persönlichkeit ist, um so schicksalhafter, persönlicher, einmaliger auch sein Tod; um so geheimnisvoller und offenbarer aber auch der innere Zusammenhang zwischen seinem Leben und seinem Tode. Und wer wollte z. B. leugnen, daß der Tod Goethes, dieser reife Vollendungstod einer immer wachsenden Verklärung im Lichte, als die ergreifende organische Krönung dieses ganzen Schöpferlebens hervortritt?

Und ähnliches gilt von der größten dichterischen Gestalt, die Goethe geschaffen, von Faust. Auch hier besteht ein tiefer Sinn-Zusammenhang zwischen dem rastlosen Titanentum Fausts und der Art seines Sterbens — „diesem Tode voller Herbheit und voller Entsagung, wie der des Moses, aber eben darin ein Tod, der den Sinn dieses Lebens bis aufs äußerste durchkämpft"; „der Tod eines Heros und Dämons, wenn auch nicht eines Heiligen"[10]).

Und Nietzsche? Der von der schwindelnden Höhe einer rauschhaft dionysischen Geistesverzückung jählings hinabstürzt in die Eisnacht des Wahnsinns? Erscheint nicht auch dieser Tod wie der natürliche Gipfel eines gewiß prophetischen, aber zuletzt doch maßlos sich übersteigernden Enthusiasmus, dessen bacchantisches Rasen, dessen „heiliger Wahnsinn"[11]) schließlich in ein vollendetes Außer-sich-sein und damit in wirklichen Wahnsinn umschlagen mußte?

In ganz besonderem Grade aber zeigt diese tiefe Sinnerfülltheit individuellen Untergehens und Sterbens auch der Kreuzestod Christi. Und zwar um so mehr als Christus die Art seines Endes nicht nur mit voller Klarheit voraussah und aussprach, sondern bewußt und mit Einsatz seines ganzen Wesens gewollt hat. Er hätte ja fliehen können. Die phönikische Grenze war nahe. Er hat es nicht getan, denn es „ging nicht an, daß ein Prophet außerhalb Jerusalems umkam", d. h. er wollte diesen Tod als letzten Gipfel dieses Lebens, als Opferkrönung seiner Sendung, ja mehr: als Grund- und „Eckstein" einer neuen Welt. —

Und doch muß das auch alles wieder eingeschränkt werden, weil ihm, wie ja vor allem der Weltkrieg erschütternd gezeigt hat, die Wirklichkeit oft widerspricht. Nicht *jeder* Tod ist ein organisch gewachsener Reife-Tod, nicht jedes Sterben „Frucht" eines ganzen, organisch gelebten Lebens. Weit größer ist die Zahl der Tode, vor deren blinder und alles zerreißender Wucht uns zunächst nur die furchtbare Wahl bleibt zwischen vollkommener Sinnlosigkeit und vollkommenem Geheimnis — wenigstens soweit wir begrenzten und sterblichen Menschen es zu erkennen vermögen. Wenn wir uns aber angesichts dieser furchtbaren Wahl dann doch, in Glaube und Demut, für das vollkommene *Geheimnis* entscheiden, so tun wir das in dem dunklen Gefühl, daß auch in diesen völlig unbegreifbaren Toden eine höhere Bestimmung obwaltet, daß auch hier die majestas dei, das unerforschliche göttliche Antlitz, sich vor uns erhebt in seiner ganzen, übermenschlichen und überweltlichen Größe. Zugleich aber überkommt uns die Ahnung eines ungeheuren Hintergrundes der Dinge, in den auch die Toten eingehen und in dem auch sie leben; die Ahnung eines Urseins, das beide, Tod und Leben, trägt und umfaßt und für das auch Diesseits und Jenseits nicht mehr getrennt sind.

Und das ist die Schau von Leben und Tod, zu der auch Rilke, zwanzig Jahre nach der Entstehung des Stundenbuches, in den letzten Gedichten und Briefen und vor allem in den Duineser Elegien sich durchgekämpft hat. Aus ihrem Geiste schreibt er in dem bekannten Briefkommentar, den er selbst zu den Elegien gegeben hat, die folgenden Worte: „Lebens- und Todesbejahung erweist sich als Eines in den Elegien. Das Eine zuzugeben ohne das Andere, sei, so wird hier erfahren und gefeiert, eine schließlich alles Unendliche ausschließende Einschränkung. Der Tod ist die uns abgekehrte, von uns unbeschienene Seite des Lebens: Wir müssen versuchen, das größeste Bewußtsein unseres Daseins zu leisten, das in beiden unabgegrenzten Bereichen zu Hause ist, aus beiden unerschöpflich genährt... Die wahre Lebensgestalt reicht durch beide Gebiete, das Blut des größesten Kreislaufs treibt durch beide: Es gibt weder ein Diesseits noch Jenseits, sondern die große Einheit, in der die uns übertreffenden Wesen, „die Engel", zu Hause sind." (Briefe aus Muzot, S. 332 bis 333).

In den Elegien selbst aber lautet die entscheidende Stelle:

„— — — — — — aber Lebendige machen
alle den Fehler, daß sie zu stark unterscheiden.
Engel (sagt man) wüßten oft nicht ob sie unter
Lebenden gehn oder Toten. Die ewige Strömung
reißt durch beide Bereiche alle Alter
immer mit sich und übertönt sie in beiden."

(G. W. III, 263; 1. Elegie.)

In der inneren Erringung dieser letzten Einheit aber von Leben und Tod, von Diesseits und Jenseits, nicht nur als Überzeugung, sondern als innerer Besitz, offenbart sich auch in Rainer Maria Rilke, seinem Wesen und Werk, wiederum jenes Sich-mit-Gott-Eins-Fühlen, das wir als die große Begnadung des echten Mystikers kennen. Das war seine letzte und höchste Unio mystika. Gott selber war es, der in ihm „reifte", und je mehr das geschah, um so mehr vollzog sich auch um ihn jene geheimnisvolle Verwandlung, Durchleuchtung, Durchgottung der Welt, die seine große Kunst uns verkündet.

IV.

Es bleibt nun noch die — religions- und geistesgeschichtlich — höchst fesselnde Frage: Wie war es möglich, daß zwei so verschiedenartige Gedichtgruppen und mit ihnen zwei so verschiedene Auffassungen des Urverhältnisses des Menschen zu Gott in Einem Buche zusammengefaßt werden konnten?

Von den vielfachen Gründen, mit denen man auf diese Frage antworten könnte, heben wir nur die beiden wesentlichsten heraus: einen zeitlichen und einen ewigen Grund. Der ewige Grund liegt im Wesen der Mystik selbst. Zu leicht verlockt die Ekstase eines welt- und zeitüberfliegenden Schauens, der Sturm und die Fülle der Gnade und vor allem die Aufhebung aller irdischen Gegensätze und Spannungen in der göttlichen Einung den Mystiker dazu, die Tiefe des Abstandes, ja Abgrundes zwischen dem Menschen und Gott zu verkennen oder ihn wenigstens zu gering einzuschätzen. D. h.: er verliert leicht das Gefühl und Bewußtsein der Grenze. Schon hier, in dieser irdischen Existenzform, glaubt er die Sonne Gottes in ihrem vollen Glanze schauen zu können, während uns doch immer nur Funken oder auch Strahlungen des Ewigen Feuers wahrzunehmen vergönnt ist. Denn: immer steht zwischen uns und der Gottheit auf unserer Seite: Sterblichkeit und Begrenztheit (Inkarnation und Individualität) — bei Gott aber die absolute Unendlichkeit und Unfaßbarkeit Seines Antlitzes, — ein Abgrund, den auch die hingebendste Liebe des Menschen, also auch die des großen Mystikers, nicht zu überbrücken vermag und den nur die unendliche Liebe Gottes selber ausfüllen kann. Auch in der Liebe des Menschen zu Gott lebt so, vertieft und gesteigert, jene unaustilgbare Tragik, wie sie alle großen Liebenden kennen. Was sie entflammt und entzündet, ist gerade die Einzigkeit, das nie wiederkehrende Wunder, die absolute Individualität des Geliebten. Eben diese ist aber — beglückend und furchtbar zugleich — auch die unaufhebbare Schranke, die eine restlose Vereinigung, wenigstens innerhalb der irdischen Seinsweise, unmöglich macht. —

Angesichts all dieser Tatsachen nimmt es wohl kaum noch wunder, wenn auch in der Geschichte der Mystik, schon in Altindien, neben der echten Gottesmystik, die die ewige Grenze des Menschen kennt und weiß um das große Geheimnis der Jenseitigkeit, immer wieder die reine Seelen- oder Immanenzmystik auftaucht, die diese Grenze verwischt und verkennt. Manchmal sind beide Formen allerdings klar geschieden, wie z. B. in der Mystik des großen Čankara, der die reine Immanenz-Mystik leidenschaftlich bekämpft; weit öfter aber verfließen und verströmen sie ineinander — wie eben auch im Stundebuch Rainer Maria Rilkes. Daß das aber geschieht, das hat — wir sagten es schon — nicht nur einen ewigen, sondern auch einen zeitlichen Grund, nämlich die Situationsgebundenheit Rilkes, seine zeitgeschichtliche

Verwurzelung. Denn wie leidenschaftlich der Mystiker auch das Ewige sucht und im Ewigen lebt, — auch er bleibt ein geschichtliches Wesen; auch er steht in Spannung und Tragik der Existenz; auch er kann sich der besonderen historischen Situation, dem Schicksal und Geist der Epoche, in die er hineingeboren wird, nicht entziehen.

Die Zeit nun, in der das Stundenbuch Rilkes entstand, die Jahre 1899—1903, trug ein Doppelgesicht: sie war ein „End und ein Beginn"[12]). Neben Zeichen ausgesprochenen Verfalls standen auch Zeichen eines neuen Erwachens, einer heimlichen Jugend. Eine Fülle neuer Bewegungen und Strömungen bildete sich: religiöse, mystische, neuromantische und hie und da auch schon ausgesprochen philosophische und theologische. Allerdings — alles war noch sehr unklar und ungestaltet, ungeläutert und unausgereift. Denn es ist nun einmal ein Merkmal, ja vielleicht ein Gesetz aller Jugend, nicht nur des einzelnen Menschen, sondern auch ganzer Epochen und Völker, daß in ihr vieles noch friedlich und ungeschieden nebeneinander besteht, was später bei wachsender Reife zu Gegensätzen sich spannt, ja oft sich erbittert bekämpft. Und so wirkten denn auch in jener Epoche zu Beginn des Jahrhunderts Forderungen, Richtungen, Werte noch ungeklärt nebeneinander, die später notwendig als Gegensätze ja Gegenwerte hervortreten mußten. Und das ist die zeit- und geistesgeschichtliche Situation, wie sie sich auch im Stundenbuch spiegelt, — eben in jenem uns heute so befremdenden Nebeneinander von reiner Immanenz- und echter Gottesmystik, das wir in dieser Darstellung nachzuweisen versuchten. Man sieht, wie sehr Rilkes Schaffen — auf der einen Seite zeitlos — auf der anderen doch von der Zeit, und zwar zunächst von der vor dem Kriege, abhängig war. Und wenn der Prozeß der Reifung und Klärung auch sehr bald begann und — man darf es wohl sagen — bis 1914 schon manches erreicht war: grundsätzliche und grundlegende Klarheit brachte doch erst der Krieg. Er erst war Krisis im strengsten Sinn dieses Wortes, d. h. Entscheidung, Umbruch, Weltwende. Nicht nur nach außen: wirtschaftlich, technisch, politisch; sondern auch innen: metaphysisch und religiös. Erbarmungslos enthüllte er wieder das tragische Antlitz der Welt und die Tragödie aller Geschichte. Unerbittlich warf er uns alle zurück auf die Grundgegebenheiten der Existenz. Nicht nur die Größe des Menschen ward wieder sichtbar, auch seine ewige Grenze. Das bedeutete aber auch für die Mystik, die wir ja ausdrücklich als eine Urerscheinung des religiösen Lebens erkannt und anerkannt haben, eine Revolution! Denn jene grundsätzliche Unterscheidung von Immanenz- und Transzendenzmystik, rein theoretisch schon vor dem Kriege errungen, — jetzt erst wurde sie, auf dem Hintergrunde des großen Krieges, erlebte Wirklichkeit und vom Schicksal selber geforderte religiöse Entscheidung. So schuf, auch auf diesem Gebiete, das Leben selbst die notwendigen Voraussetzungen für eine neue Erkenntnis, da sich nun einmal selbst unsere höchsten Ideen und Intuitionen aus den verborgenen Grundrelationen des Lebensprozesses selber erheben. Das alles aber mußte natürlich auch unsere innere Stellung zum jüngeren Rilke und seiner Dichtung in der angedeuteten Weise verändern.

Allerdings: das große Thema der zeitgeschichtlichen Verwurzelung Rilkes ist damit noch nicht entfernt erschöpft. Denn trotz aller Stille und Zurückgezogenheit seines Lebens, ja einer Neigung zu oft gewaltsamer Isolierung im Dienst seiner Sendung: unablässig arbeitet in seinem Inneren nicht nur sein eigener Dämon, sondern auch der Dämon der Zeit. D. h. die Zeitverbundenheit seines Lebens und Schaffens nimmt nicht ab, sondern zu! Immer mehr nähert sich Rilke der unmittelbaren Wirklichkeit selbst; immer tiefer erfährt auch er die Spannung und Tragik der Existenz, die nun zu der anderen für ihn ursprünglicheren Spannung von Mystik und Künstlertum noch hinzutritt, und plötzlich, an einem Höhepunkte seiner Entwicklung, packt ihn der Sturm der geschichtlichen Welt mit unwiderstehlicher Wucht, „redet aus ihm wie ein Seher die Zeit — blind aus dem ältesten Geist" (Späte Gedichte S. 29, Ges. W. III, 391). Ich meine jene fünf großen Hymnen, die Rilke im August 1914 unter dem ersten Eindruck des Kriegsausbruches schrieb. Wer Rilkes Art der Gestaltung, seine seelische Haltung und seine weitgespannte Entwicklung kennt, der wird zu dem Urteile kommen, daß diese fünf Hymnen zu dem Innerlich-Reichsten und Größten gehören, was Rilke geschaffen. In ihnen begrüßt ein wirklicher Dichter, und das heißt hier, wie einst in der Welt der Antike, zugleich auch ein wirklicher S e h e r, das dämonische Schicksal der Zeit und formt bestimmte heroische Situationen aus dem Schicksalsweg seines Volkes zu großen und unvergeßlichen Bildern.

Außerdem aber sind diese Hymnen ein unwiderlegbares Zeugnis, wie tief der Einsiedler Rilke — notwendig einsam als Dichter in einer entgötterten Zeit — dennoch lebte, bangte und litt mit dem Schicksal und Blut seines Volkes — tiefer mit diesem verbunden als selbst mancher Rilkekenner wohl glaubt. —

Vier Grundeindrücke aber (oder auch Urerschütterungen) sind es, aus denen der Dichter schöpft und die er bildend verklärt durch die hymnische Kraft seiner plötzlich zu eherner Größe sich steigernden Sprache. Zunächst das Erlebnis des Krieges an sich; des Krieges als eines Gottes, der plötzlich, richtend und lösend, ersteht wie ein Schicksal in einer undämonischen Zeit: vom Dichter, dem heimlichen Freund und Bewahrer der „Götter", als ein ihm Urverwandtes begeistert begrüßt:

„Endlich ein Gott. Da wir den friedlichen oft
nicht mehr ergriffen, ergreift uns plötzlich der Schlachtgott,
schleudert den Brand: und über dem Herzen voll Heimat
schreit, den er donnernd bewohnt, ein rötlicher Himmel."

(G. W. III, 391.)

So im ersten Gesang. Und im dritten:

„Wie ein vulkanischer Berg lag er (der Kriegsgott) im Weiten.
Manchmal flammend. Manchmal im Rauch. Traurig und göttlich.
Nur eine nahe vielleicht, ihm anliegende Ortschaft

bebte. Wir aber hoben die heile
Leier anderen zu: welchen kommenden Göttern?
Und nun aufstand er: steht: höher
als stehende Türme, höher
als die geatmete Luft unseres sonstigen Tags.“

(Ges. W. III, 392.)

Dies das Mysterium selbst; Gestalt des Gottes und Wesen. Nun seine Wirkung, die Mensch und Erde verwandelt:

„Heil mir, daß ich Ergriffene sehe. Schon lange
war uns das Schauspiel nicht wahr,
und das erfundene Bild sprach nicht entscheidend uns an.
Geliebte, nun redet wie ein Seher die Zeit,
blind, aus dem ältesten Geist.“ *(2. Gesang.)*

„Bräute gehen erwählter: als hätte nicht Einer
sich zu ihnen entschlossen, sondern das ganze
Volk sie zu fühlen bestimmt. Mit langsam ermessendem Blick
umfangen die Knaben den Jüngling, der schon hineinreicht
in die gewagtere Zukunft: ihn, der noch eben
hundert Stimmen vernahm, unwissend, welche im Recht sei,
wie erleichtert ihn jetzt der einige Ruf; denn was
wäre nicht Willkür neben der großen, neben der sicheren Not?“

(1. Gesang.)

Und endlich — als Krönung — die ergreifende Mahnung an die opfernden Mütter:

„Einmal schon, da ihr gebart, empfandet ihr Trennung, Mütter —
empfindet auch wieder das Glück, daß ihr die Gebenden seid.

Gebt, wie Unendliche, gebt. Seid diesen treibenden Tagen
eine reiche Natur. Segnet die Söhne hinaus.“ (2. Gesang.)

Denn so groß steht, „übersteht“ dieser Gott selbst noch das Reich und die Schmerzen der „Mütter“, daß trotz Trennung und Schmerz alle „glühen in Eines zusammen“, „in ein neues Geschöpf, das er tödlich belebt“ — nicht zuletzt auch Rilke, der Dichter, der einsame, selbst:

„So auch bin ich nicht mehr; aus dem gemeinsamen Herzen
schlägt das meine den Schlag, und der gemeinsame Mund
stößt auch den meinigen auf.“

Aber schon erhebt sich auch vor dem tiefen, dem Weltgewissen des Dichters, die Frage nach dem Willen und Weg dieses Gottes:

„Dennoch es heult bei Nacht wie die Sirenen der Schiffe
in mir das Fragende, heult nach dem Weg, dem Weg.
Sieht ihn oben der Gott, hoch von der Schulter? Lodert
er als Leuchtturm hinaus einer ringenden Zukunft,
die uns lange gesucht? Ist er ein Wissender? Kann
er ein Wissender sein, dieser reißende Gott?
Da er doch alles Gewußte zerstört?“ (3. Gesang; S. 393.)

Aus diesen Worten spricht doch sehr stark die Zerrissenheit und der innere Zwiespalt, in den jeder Krieg gerade den geistig schaffenden, kulturverantwortlichen Menschen hineinreißt, insbesondere aber den Künstler und Dichter. Denn das ist das Janusantlitz des Krieges: daß er gewiß, wie ein Gott, die Erde verwandelt und oft auch erneuert, aber doch auch unendlich zerstört. So auch der

Weltkrieg. Er hat das deutsche Volk erneut in den göttlichen Schmelztiegel gestürzt und es so vor Erstarrung und Selbstüberhebung bewahrt. Er hat es aber nicht minder in fast untragbare Nöte und Probleme verstrickt; hat es gezeichnet und isoliert. Und so endet das Gedicht Rilkes mit dem Gesicht dieser Einsamkeit Deutschlands unter den Völkern:

„Nun seid ihr aufs Eigne wieder beschränkt. Doch größer
ist es geworden. Wenn's auch nicht Welt ist, bei weitem —,
nehmt es wie Welt: Und gebraucht's wie den Spiegel,
welcher die Sonne umfaßt und in sich die Sonne
wider die Irrenden kehrt[13]*), aus denen ihr einst, wie aus Luft und*
aus Bergwerk,
Atem und Erde gewannt. Denn zu begreifen,
denn zu lernen und vieles in Ehren
innen zu halten, auch Fremdes war euch gefühlter Beruf —."

(5. Gesang; G. W. 396.)

Es sind Worte, die in der Größe der Schau und der Gelöstheit der sprachlichen Formung unmittelbar an Hölderlins Spätgesänge erinnern. Und in der Tat: kurz vor dem Ausbruch des Krieges hatte Rilke diese kennengelernt[14]) und sie waren ihm, ebenso wie die ergreifende Gestalt des größten Seherdichters der Deutschen, zu einem erschütternden Erlebnis geworden. Ja, man darf sagen: sie waren das andere Urerlebnis, das jene fünf Hymnen erst in die dichterische Wirklichkeit rief — wenn auch der innerste Grundton der Hölderlinischen Dichtung, trotz der erschütternden Tragik ihres Schöpffers, lichter, vertrauender, sieghafter bleibt als der Grundton der Dichtungen Rilkes.

Denn je mehr das Ausmaß des Krieges wuchs, je näher das Verhängnis des furchtbaren Zusammenbruchs drohte, um so tiefer hat Rilke, obwohl nicht selber im Felde, seelisch und geistig gelitten. Er war wie verstört. Seine gesamte Produktion stockte. Alles, was er geplant hatte, brach ab. Und was blieb, war eine Trockenheit, eine Wüste der Seele, die — auch ein Grunderlebnis der großen Mystik — den immer wieder verzweifelt um den göttlichen Anruf ringenden Dichter fast seiner letzten Glaubens- und Hoffnungskräfte beraubte. Und als — mit der Vollendung der Elegien und der Sonette an Orpheus (1922) — die Fülle der Gnade dann doch in das Herz des Dichters zurückkam, da war auch seine innerste religiöse und menschliche Stellung zu Gott, Mensch und Welt in entscheidenden Punkten verändert. Das bezeugt uns, neben vielen anderen Dokumenten, vor allem jener unvergeßliche Brief aus Chateau Muzot, in dem Rilke, auf seine eigene Entwicklung vor dem Kriege zurückschauend, sagt:

> *„Ich fing mit den Dingen an, die die eigentlichen Vertrauten meiner einsamen Kindheit gewesen sind, und es war schon viel, daß ich es, ohne fremde Hilfe, bis zu den Tieren gebracht habe . . . Dann aber tat sich mir Rußland auf und schenkte mir die Brüderlichkeit und das Dunkel Gottes, in dem allein Gemeinschaft ist, so nannte ich ihn damals auch, den über mich hereingebrochenen Gott, und lebte lange im Vorraum seines Namens, auf den Knien . . . Jetzt*

würdest du mich ihn kaum je nennen hören, es ist eine unbeschreibliche Diskretion zwischen uns, und wo einmal Nähe war und Durchdringung, da spannen sich neue Fernen, so wie im Atom, das die neue Wissenschaft auch als ein Weltall im Kleinen begreift. Das Faßliche entgeht, verwandelt sich, statt des Besitzes erlernt man den Bezug, und es entsteht eine Namenlosigkeit, die wieder bei Gott beginnen muß, um vollkommen und ohne Ausrede zu sein. Das Gefühlserlebnis tritt zurück hinter einer unendlichen Lust zu allem Fühlbaren . . . die Eigenschaften werden Gott, dem nicht mehr Sagbaren, abgenommen, fallen zurück an die Schöpfung, an Liebe und Tod . . .“ *(Briefe 1921—1926, S. 185.)*

Der Gott, auf den hier in größter Zartheit und Ehrfurcht gedeutet wird, ist nicht mehr der „Nachbar Gott“, von dem das Stundenbuch spricht; es ist ein ferner, ein hintergründiger, ein verborgener Gott[15]). Klar und nüchtern ist der Abstand erkannt, der den Menschen, das begrenzte Geschöpf, von der Unbegrenztheit des Schöpfers trennt. Und wo der junge Rilke in dem Überschwang seines mystischen Gott-Schöpfertums des Ewigen Geheimnisses sich selbstherrlich zu bemächtigen suchte, bleibt hier nur ein scheuer und ahnungsvoller Bezug. Selbst alle Namen Gottes sind dem Dichter vor der Größe des Namenlosen zerbrochen. Nur die Dinge, ihre Fühlbarkeit, Sichtbarkeit, geben von dem nicht mehr Sagbaren Kunde: „Und Deines Geistes höchster Feuerflug hat schon am Gleichnis, hat am Bild genug.“ (Goethe.) Diese Wendung aber bedeutet die Anerkennung des Symbolcharakters der Welt und damit der Wirklichkeit als eines objektiven Mysteriums, vor dessen ehrfurchtgebietender Größe der Dichter, unter Preisgabe aller menschlichen Selbstherrlichkeit und Autonomie, sich demütig beugt:

„Die Siege laden ihn nicht ein.
Sein Wachstum ist: Der Tiefbesiegte
von immer Größerem zu sein.“ *(Ges. W. II, S. 138.)*

Was aber war die verborgene Kraft, die diese Wandlung in Rilkes Seele bewirkte? Einmal natürlich seine unerhörte, rastlos weiterdrängende religiöse und dichterische Genialität und das in ihr wirkende überpersönliche Gesetz seiner Sendung. Dann aber auch ohne Zweifel: die Zeit. Ihre ungeheure Erschütterung und Verwandlung durch Krieg, Zusammenbruch und Revolution hat auch den Dichter, ihm selber oft unbewußt, zuinnerst verwandelt. Denn: Niemand, auch der Genius nicht, und wäre er noch so einsam und überragend, vermag sich der Tiefe der Existenz und damit dem Ganzen seines Volkes und seiner Zeit zu entziehn. Nur durch sie, ihre Segnung und ihre Stürme hindurchgehend, kann er das Ewige schaffen, das die Zeit überdauert. Das war die „grimmige Einsicht“, zu der auch Rilke sich schließlich durchrang, und über der dann „Jubel und Ruhm“ der Elegien sich sieghaft erhob — dem selbst die Engel zustimmen mußten[16]). Denn es ist nun einmal eine Ursetzung Gottes in der Wirklichkeit jeder Zeit, daß wir nur durch sie, ihren Kampf, ihre Tragik hindurch, in das überzeitliche Reich der Freiheit und Gnade empordringen können.

V.

„. . . Aber der Weg zu dir ist furchtbar weit
und, weil ihn lange keiner ging, verweht.“

(Stundenbuch[17]).

Wenn man Rilkes frühe Gedichte einmal vergleicht mit seinen letzten, besonders den Duineser Elegien und den Sonetten an Orpheus, so ist man immer wieder erstaunt, welche außerordentliche Entwicklung der Dichter gehabt hat. Eine Entwicklung, die — durchaus organisch und ganz erfüllt von dem stillen Blühen und Reifen des wahrhaften Dichters — nicht nur die schöpferische Entfaltung gegebener Grundkräfte zeigt, sondern Schritt für Schritt als ein wesenhafter Aufstieg vor uns steht im Sinne einer stetig wachsenden Verinnerlichung und Vertiefung. Denn: „Nach innen geht der geheimnisvolle Weg“[18]) Rilkes, und jene allmähliche Weltwerdung des Subjektes, die wir auch sonst bei überragenden Menschen und Künstlern feststellen können, vollzieht sich bei Rilke vor allem als ein immer tieferes Sich-Verlieren in das Geheimnis der inneren Welt: „Nirgends, Geliebte, wird Welt sein als innen“[19]). Denn hier, im Kosmos der Seele, dem „inneren Universum“ (Goethe)[20]), dem geheimnisvollen Weltinnenraum ist die eigentliche Heimat, das unumschränkte Königreich Rilkes und das, was er selbst als den tiefsten „Auftrag der Erde“[21]) verstand, alles Äußere, Sichtbare immer mehr in Inneres, Unsichtbares zu wandeln — er selber hat ihn in seinem Leben und Schaffen immer reiner und unbedingter erfüllt:

„Erde, ist es nicht dies, was du willst: unsichtbar
in uns erstehn? — Ist es dein Traum nicht,
einmal unsichtbar zu sein? — Erde! unsichtbar!
Was, wenn Verwandlung nicht, ist dein drängender Auftrag?
Erde, du liebe, ich will.“

So wurde der Dichter zum „Schöpfer, Priester, Verkünder dieser inneren Welt“[23]). Nicht aus freier Wahl, sondern unter dem dämonischen Zwang seiner überpersönlichen und überzeitlichen Sendung, die nicht nur Kunst hieß, sondern Religion: In einer entgötterten Zeit das Bild des Gottes in seiner Seele für sich und für uns alle zu retten. Diesem Auftrag und dieser Berufung hat er sich selbst und sein ganzes Leben geopfert. Denn nur so, durch dieses vollkommene Opfer, war beides, Berufung und Auftrag, zu „leisten“. Auch ein Heroentum, ein ganz innerliches und stilles, wie das Hölderlins oder Kleists; und zugleich ein Zeugnis und eine Bewährung jener großen schöpferischen Innerlichkeit, die nun einmal auch zum deutschen Wesen gehört, — so klar wir auch heute, unter der Übergewalt unseres völkisch-politischen Schicksals, die Grenzen und die Gefahren dieser Innerlichkeit erkennen. Und gewiß: Auch Rilke ist ihnen nicht völlig entgangen; auch er hat auf seinem „Wege nach innen“ vielleicht zu viel an unmittelbarem Leben geopfert und dadurch auch seiner Kunst manche nährenden Wurzelkräfte entzogen. Indessen: bei all diesen Einwendungen darf man eines niemals vergessen: auch das war nicht Willkür, sondern Not; die „heilige Not" seiner überpersönlichen Sendung. Denn alles Große wirkt mit Notwendigkeit; wo diese Notwendigkeit fehlt, fehlt auch die Größe. Außerdem aber blieb Rilke, schon durch den Zauber seiner unvergleichlichen Sprache, stets mit dem Wesen und Geschick seines Volkes verbunden. Denn immer lebt in der Sprache, wie in einem tiefen, unverlöschbaren Spiegel, das Volk und sein geistiges Antlitz; immer ist sie die unmittelbarste und lebendigste Chronik auch seines geschichtlichen Schicksals. Endlich stammen Rilkes schlichteste und tiefste Gedichte aus jener Tiefe der inneren Welt, wo das persönliche Leben noch unmittelbar mit dem allgemeinen zusammenhängt. Nur so konnte es auch dem Dichter gelingen, seine persönlichsten Leiden und Freuden in die Sphäre des Überpersönlichen, Allgemeingültigen zu erheben — durch jene vollkommene Einheit von Form und Gehalt, die, einer sakramentalen Ehe vergleichbar, das Wesen und den Sinn jedes echten Kunstwerkes ausmacht. Keineswegs aber kam Rilke, trotz seines stillen und ganz nach innen gewendeten Kampfes gegen eine immer entseeltere Zeit und gegen die unaufhaltsam nahende Krankheit, zu einer so gewaltsamen und übersteigerten Isolation wie Nietzsche. Schon durch die zwei Urworte und -werte: Demut und Antlitz sind beide Genien wie durch Welten getrennt[24]). Von einem höchsten religiösen

Standorte aus könnte man sagen: Nietzsches tiefstes seelisches Ringen war der verhängnisvolle Versuch, auf dem Boden des bloßen (empirischen) Individuums zu einem Mysterium zu gelangen. Aber es gibt nun einmal auf dieser ungeheuerlichen Erde kein echtes Mysterium ohne Gemeinschaft, ohne Antlitz, ohne Du! — sei dies nun das Antlitz einzelner uns schicksalhaft verbundener Menschen oder unseres Volkes; das Antlitz der Natur oder auch das unsichtbare Antlitz Gottes selbst: eine zeitlose Wahrheit, deren unbedingte Gültigkeit auch Nietzsche auf das bitterste erfuhr. Mußte er doch in seinem großen „Mittagsfreunde" Zarathustra sich selbst das Antlitz und das Du erschaffen, dessen der völlig Vereinsamte trotz aller Selbstgenugsamkeit doch nicht entraten konnte. Denn — „Ein tiefer Mensch braucht Freunde: es wäre denn, daß er seinen Gott noch hat. — Und ich habe weder Gott noch Freunde!" (Brief an die Schwester vom 8. Juli 1886; Ges. Briefe V, 2, 685.)

Über Rilkes Schaffen aber leuchtet von Anfang an das große unsichtbare Du und auch das Antlitz der Natur und einzelner geliebter Menschen, wie das vor allem auch sein Briefwerk zeigt. Denn im Gegensatz zu Nietzsches Briefen, die doch stark autonom und ich-betont erscheinen, besaß der demutvolle Dichter die wundersame Gabe, auf jeden der Empfänger — aller Alter, aller Schichten! — in Hingebung und Liebe einzugehen, d. h. auch hier, wie im Bereiche seiner Dichtung, immer von Angesicht zu Angesicht zu sprechen und zu schreiben, im Geiste wirklichen Verbundenseins. Und so seltsam es klingt: diese innere Kommunion des Dichters mit Mensch und Welt nimmt trotz wachsender äußerer Zurückgezogenheit nicht ab, sondern zu! Immer mehr Antlitz reißt er gleichsam herein in den Innenraum seiner Seele; immer mehr Welt wird „verwandelt" und transparent durch die immer tiefere Durchleuchtung und Vergeistigung seiner Kunst.

Wie aber erscheint nun dieser innere Weg Rilkes, wenn man ihn näher betrachtet? Und welcher Art war die seelische Schau, zu der er in seinen letzten großen Dichtungen schließlich empordrang?

Unmittelbar nach Vollendung des Stundenbuches beginnt auch bei Rilke, besonders unter dem Einfluß Rodins, jene Hinwendung zum Objekt, die wir auch sonst bei überragenden Künstlern als Zeichen der Reife beobachten können. Damit aber mußte von den entscheidenden Grunderlebnissen Rilkes: Gott und die Seele, Liebe und Tod, Dichtung und Dinge — notwendig das zuletzt genannte, also sein Ding-Erlebnis, immer größere Bedeutung gewinnen. Sehr früh schon tritt es in Rilkes Schaffen hervor und bestimmt dann in wachsendem Maße seine gesamte Entwicklung. Denn: nicht der Mensch erhebt sich im Mittelpunkt seiner Schau, sondern die Dinge; das Geheimnis der Dinge, dem sich der Dichter, wie einer göttlichen Offenbarung, immer stiller und hingegebener beugt. Und er steht mit diesem Grunderlebnis und seiner dichterischen Gestaltung durchaus nicht allein, sondern im Zuge einer großen künstlerischen Tradition, die — absolut deutsch — schon mit Albrecht Dürer beginnt und dann über Goethe, Stifter, Bachofen, Burckhardt und über das Dinggedicht Mörickes und Conrad Ferdinand Meyers unmittelbar hinführt zu Rilke, der sie in gewissem Sinne, wenn man auf die Zartheit und Tiefe seines Dingerlebnisses hinblickt, sogar abschließt und krönt[25]).

Was aber war es nun, was Rilke an den Dingen so liebte?

Auf diese Frage hat ein anderer unsrer großen Dichter eine Antwort gegeben, der um so größere Bedeutung zukommt, als das Schaffen dieses Dichters gerade nicht um die Dinge und ihr stilles Geheimnis, sondern völlig um den Menschen, sein Wesen und Schicksal, seine Leidenschaften und Ideen, kreist. Dieser Dichter ist Schiller. In seiner Abhandlung über naive und sentimentalische Dichtung sagt er: „Natur in dieser Betrachtungsart ist uns nichts anderes als das freiwillige Dasein, das Bestehen der Dinge durch sich selbst, die Existenz nach eigenen und unabänderlichen Gesetzen ... Wir lieben in ihnen das stille schaffende Leben, das ruhige Wirken aus sich selbst, das Dasein nach eigenen Gesetzen, die innere Notwendigkeit, die ewige Einheit mit sich selbst. Sie sind, was wir waren; sie sind, was wir wieder werden sollen. Wir waren Natur wie sie, und unsere Kultur soll uns, auf dem Wege der Vernunft und der Freiheit, zur Natur zurückzuführen. Sie sind also zugleich Darstellung unserer verlorenen Kindheit, die uns ewig das Teuerste bleibt; daher sie uns mit einer gewissen Wehmut erfüllen. Zugleich sind sie Darstellungen unserer höchsten Vollendung im Ideale, daher sie uns in eine erhabene Rührung versetzen"[26]).

Wer erinnerte sich bei diesen Schillerschen Worten nicht sofort der bedeutungsschweren Sätze aus Rilkes Vorträgen über Rodin? „Dinge ... Indem ich das ausspreche (hören Sie?), entsteht eine Stille, die Stille, die um die Dinge ist. Alle Bewegung legt sich, wird Kontur, und aus vergangener und künftiger Zeit schließt sich ein Dauerndes: der Raum, die große Beruhigung der zu nichts gedrängten Dinge. Aber nein: so fühlen Sie die Stille noch nicht, die da entsteht. Das Wort: Dinge geht an Ihnen vorüber, es bedeutet Ihnen nichts: zu Vieles und zu Gleichgültiges. Und da bin ich froh, daß ich die Kindheit angerufen habe; vielleicht kann sie mir helfen, Ihnen dieses Wort ans Herz zu legen als ein liebes, das mit vielen Erinnerungen zusammenhängt[27])".

Also, das war es, was auch Rilke an den Dingen so packte: ihre Ruhe und ihre Würde, ihre Unschuld und ihre Stille, ihre Gelassenheit und Vollendung, ihre ewige Einheit mit sich selbst. So werden ihm die Dinge zum „Inbegriff" des Dauernden und Bleibenden, des Ewigen und Göttlichen, so daß dann auch die Sehnsucht nach dem Bleibenden und Göttlichen für Rilke mit der nach den Dingen und ihrer Vollendung zusammenfällt. Darum bedürfen auch nicht die Dinge menschlicher Erlösung und menschlicher Hilfe, sondern umgekehrt: „der Mensch braucht die Dinge, um vollkommen zu werden"[28]). Sie sind gleichsam „die Götter", die über ihm sind und ihn erlösen. Sind sie doch nicht allein, was wir waren, sondern auch, was wir einst werden sollen. Wir waren Natur wie sie und wir sollen es wieder werden in einem neuen, erhöhten, verwandelten Sinne: als „novae creaturae", als Wiedergeborene in Gott! Auch darum müssen wir von ihnen lernen.

Dazu aber bedarf es von seiten des Menschen vor allem des Einen, das Rilke immer und immer wieder verkündet: der Demut. Wir dürfen die Dinge nicht „überrumpeln", ein Verhalten, vor dem schon ein so großer und deutscher Künstler wie Albrecht Dürer gewarnt hat, sondern wir müssen uns ihnen beugen; müssen uns wieder und wieder bemühen, „nicht über die Dinge zu sprechen, sondern sie selber sprechen zu lassen"[29]). So hatte es einst auf der Höhe seines Lebens und seiner Vollendung auch Goethe empfunden — in Rom: „Du weißt, was die Gegenwart der Dinge zu mir spricht; und ich bin den ganzen Tag im Gespräch mit den Dingen ... Meine Übung, alle Dinge wie sie sind zu sehen, meine Treue, das Auge licht sein zu lassen, meine völlige Entäußerung von aller Prätention machen mich hier im stillen höchst glücklich" und „alle Wege bahnen sich vor mir, weil ich in der Demut wandle"[30]). Und ganz ähnlich dann auch die „Dingverinnigung" Stifters, dieser vielleicht schönsten Provinz im Weltreich des alten Goethe, die Dingverehrung und Demut bei Bachofen, Burckhardt und schließlich die erste Dinggedicht-Gestaltung bei Möricke und Conrad Ferdinand Meyer. Rilke steht also tatsächlich auch hier — ich sagte es schon — in dem Strom einer großen künstlerischen Entwicklung. Auch ihm haben Ehrfurcht und

Demut die Augen des Geistes geöffnet für die Schönheit und Größe der Dinge. Ja, man hat das Gefühl, als hätten sie beide den Dichter gleichsam bei der Hand genommen und immer tiefer hineingeführt in das große Geheimnis der Dinge, das uns täglich und stündlich umgibt.

Drei Stufen aber sind auf diesem Weg zu den Dingen, der mit dem „geheimnisvollen Wege nach innen" bei Rilke sichtbar zusammenfällt, deutlich erkennbar. Auf der ersten Stufe — der Frühen Gedichte — redet Rilke zunächst nur von seinem Erlebnis der Dinge; er läßt „noch nicht die Dinge selbst sich im Gedicht formen. Er spricht von dem Gefühl des Sich-Verwandelns in die Dinge, jenem franziskanischen Brudergefühl, das für die Entstehung des Dinggedichtes erst die notwendige Voraussetzung bildet"[31]). Und auch im Buche der Bilder wird noch, wie Walter Rehm ganz richtig erkannt hat, „mehr von den Dingen geredet, als daß die Dinge selbst reden und sich und ihr Gesetz im Mund des Dichters offenbaren"[32]). M. a. W. es ist der ausgesprochen subjektiv-musikalische Lyrismus der Frühzeit, der hier zu Wort kommt und sich „wie ein Feierkleid" breitet über die „sinnenden Dinge", denen der Dichter „gut und wie ein Bruder" ist, um sie, in dieser Haltung liebender Demut, immer geheimnisvoller „singen" zu hören. Das Ich des Dichters schweigt also noch nicht; aber langsam fühlt er bereits die Seele der Dinge selbst und erkennt, daß sie „in ihrer eigenen Sphäre leben und ruhn"[33]). Und je mehr er es fühlt, um so mehr reißt der Schleier des noch subjektiv gebundenen Erkennens, und das objektive Wesen der Dinge wird sichtbar: ihre essentia, für die die existentia immer nur Erscheinung und Vordergrund ist. Allerdings nicht im Sinne des philosophischen Idealismus, der Urbilder Platos oder Urphänomene Goethes, vielmehr lehnt Rilke mit unbeirrbarem Tiefblick gerade die idealistische Schau und Deutung immer mehr ab. Sie erscheint ihm zu selbstherrlich und zu gewaltsam, zu „menschlich" und autonom. Ist doch das höchste Ziel, das er ahnt und das ihn bei seiner Dingverkündigung leitet, nicht eine idealistische, sondern eine ausgesprochen religiöse Symbolik: Ding-Mystik und Ding-Gnosis. Denn je mehr sich dem Dichter die verborgene Seele der Dinge erschließt, je mehr er selber an ihrer Schönheit und Größe sich weitet und reift, um so tiefer fühlt er ihren überzeitlichen und göttlichen Wert, um so mehr wird sein Dingerlebnis zum religiösen Erlebnis, „weil sie, die Gott am Herzen hingen, nicht von ihm fortgegangen sind."[34]) Gott-Verkündigung, das ist also der letzte Sinn der Ding-Verkündigung Rilkes, und das Stundenbuch ist es, in welchem dieses Erlebnis vollkommene Gestalt ward. Das Wesen dieser besonderen Dingmystik des Stundenbuches aber scheint mir darin zu liegen, daß die Dinge zwar durchaus ihre eigene Sprache reden und auch als eigene Wesen und eigene Seelen dem Dichter begegnen, dann aber doch so tief eintauchen in den göttlichen Lebensstrom seiner Seele, daß die Subjekt-Objektspannung zwischen den Dingen und dem Dichter — echt mystisch — fast aufgehoben erscheint. Das aber ist es, was dann, auf der dritten und letzten Stufe von Rilkes Entwicklung, noch einmal sich wandelt.

Zwei Erlebnisse aber müssen bei dieser Wandlung vor allem mitgewirkt haben: einmal das Werk und die Erscheinung Rodins, dieser mächtige, eherne Anruf an die plastisch-apollinischen Kräfte auch in der Seele des Dichters; und dann die große und dunkle Erkenntnis, die keinem reifen Menschen erspart bleibt: daß trotz aller Verwandlung, Hingebung, Demut Gott und die Dinge zuletzt doch in sich selber verharren, weil ihre innerste Tiefe für uns sterbliche Menschen stets unergründlich und transzendent bleibt. Nicht sie reifen, geschweige denn Gott, sondern wir reifen an ihnen und ihrer Größe zu neuem Leben und neuer Erkenntnis. Und so sind denn auch für den späteren Rilke, den Schöpfer der „Neuen" und „Späten Gedichte", der „Duineser Elegien" und der „Sonette an Orpheus", die „Dinge" wieder ein anderes als für den Dichter des Stundenbuchs. Sie werden nicht mehr fast aufgelöst in den inneren Seelenstrom, so daß die Subjekt-Objektspannung beinahe erlischt, sondern sie bleiben Objekt auch in der Seele des Dichters, dem Weltinnenraum seiner Schau. Auch da stehen sie noch in ihrer strengen Eigengesetzlichkeit und Eigengestalt inmitten einer schon mythisch wirkenden seelischen Landschaft. Denn so groß ist jetzt die dichterische und religiöse Umfassungs- und Formkraft, Rilkes erstaunliche Fähigkeit, alles Sichtbare in Unsichtbares zu wandeln, daß er die äußere Gestalt der Dinge Zug um Zug immer härter und treuer nachbilden und sie dennoch zu einem magisch-transparenten Objekt seiner Innenschau umwandeln kann. Denn selbstverständlich ist Rilke kein „Naturalist", und die Gegenstände seiner Dinggedichte sind immer beides: Wirklichkeit und Symbol, Existentia und Essentia, — draußen und drinnen zugleich. So löst sich jener Widerspruch, jene eigentümliche Paradoxie, daß sich der spätere Rilke, auf der einen Seite, der Wirklichkeit und der Welt der Objekte immer mehr nähert und auf der anderen Seite doch immer tiefer in den eigenen Weltinnenraum, den Kosmos der Seele, hineingehen kann. Seine innere Verwandlungskraft wirkt jetzt eben aus einer Tiefe, die nicht mehr nur subjektiv, auch nicht nur objektiv, sondern „konjektiv" Ich und Welt, Dichter und Dinge, Innen und Außen, Sichtbares und Unsichtbares gleichsam unterirdisch verbindet. Wie eine seiner ergreifendsten und schönsten Gestalten, die Eurydike[35]), so ist auch der Dichter selbst wieder „Wurzel" geworden, in einem irdischen und überirdischen Sinne zugleich. Nur so konnte er jene Atmosphäre der Verklärung und Verewigung schaffen, die wir an seinen letzten Gedichten vor allem bewundern; nur so durch ein immer tieferes Eindringen in das Geheimnis der Dinge zugleich immer weiter vordringen in den Weltinnenraum seiner Seele. Sucht man aber innerhalb der europäischen Geistesgeschichte für diese Art Innenschau nach Vergleichen, so kann man, glaube ich, nur zwei Erscheinungen nennen; die Weltschau der Gnosis, besonders der Pistis Sophia, und die Divina Comedia, das Weltgedicht Dantes. Nur daß die Innenschau Rilkes trotz ihrer tief religiösen und ihrer echt gnostischen Elemente noch nicht entfernt die Weite und Größe erreicht, in der sich die transzendent-kosmische Weltschau der Pistis Sophia oder Divina Comedia vor unserem inneren Auge erhebt. Darin liegt es wohl auch begründet, daß am Ende der zehnten Elegie, dort, wo der Tote Abschied nimmt von der „älteren Klage" und „einsam dahinsteigt in die Berge des Urleids"[36]), das Bild der Seelenlandschaft des Dichters, das schon im Zauber des Mythos vor uns erglänzte, erlischt. Das bedeutet aber: Der ewige Himmel des Glaubens ist für unsere Zeit kaum erst begonnen, Dante aber hat ihn für seine Epoche gewölbt! — Dennoch bleibt es das unvergeßliche Verdienst Rilkes, daß er, rein von sich aus und ohne Mittler, ohne Christentum also, dessen Größe er freilich verkannte, auf seinem geheimnisvollen Wege nach innen so tief in den Geist, den ewigen Liebesgeist der Schöpfung eindrang, daß er aus diesem Liebesgeiste und seiner Begnadung die innerste, seelische Ordnung der Welt (ordo amoris) gleichsam von neuem entdeckte im Sinne eines von Gott selber erschaffenen hierarchischen Kosmos.

In dem Augenblick aber, wo das geschah, wo die Ahnung dieser ewigen Liebesordnung der Welt sich dem begnadeten Herzen des Dichters erschloß, da tauchten in der letzten Tiefe des innerweltlichen Raumes, dort, wo die Grenze des Menschen erreicht ist und der Horizont der Ewigkeit dämmert, vor seinem seherisch gesteigerten Blicke plötzlich Wesen, strahlende, übermenschliche, auf, die sein Weltbild und auch seine gesamte menschlichdichterische Situation noch einmal entscheidend verändern: die Engel. Wie Nietzsche an den Höhepunkten seines orphisch-dionysischen Weges zum ersten Male wieder das Antlitz der „Götter“ erblickte, so Rilke in einem allerdings noch nicht entfernt durchchristeten Kosmos — die Engel.

Der metaphysische Lebensraum aber, in dem sich diese himmlischen, halb göttlichen Wesen bewegen, — „die Verwöhnten der Schöpfung und Pollen der blühenden Gottheit, die Räume aus Wesen, Schilde aus Wonne und Tumulte stürmisch entzückten Gefühls“[37]) — ist uns bekannt. Es ist jene letzte Tiefe des Seins, in der Lebens- und Todesbejahung, wie auch Diesseits und Jenseits nicht mehr getrennt sind, sondern Strahlungen, Flügel der „größeren Einheit“, des Ganzen, „in dem dann auch die uns übertreffenden Wesen, die Engel, zu Hause sind“; also: „in beiden unabgegrenzten Bereichen und aus beiden unerschöpflich genährt“[38]). Königlich, unbekümmert und unerbittlich schreiten sie über unseren Häuptern dahin, sichtbar nur auf den Gipfeln unseres höchsten Gefühls — „unsere Weißglut wäre ihre Kühle“[39]) —; Verkörperungen, Vollendungen dessen, was in unserer unsterblichen Seele lebt als höchstes Wunschbild und letztes Ziel, was wir aber, unerbittlich gebannt in die Grenzen von Leib und Erde, diesseits des Todes niemals zu erreichen vermögen. Darum sind sie, die Engel, nicht nur schön, sondern „schrecklich“: immer Richte und Gericht zugleich. Denn „strahlend von stärkerem Dasein“ richten sie uns auf das, was selbst auf den Gipfeln des Lebens und schöpferischer Sinn-Offenbarung doch immer noch über uns ist. Gericht aber sind sie allem, was wir sind und erreichen, weil es vor ihrer Vollendung, ihrem verbrennenden, apokalyptischen Antlitz, doch nicht zu bestehen vermag. Denn: „Ihre Lust ist über unserem Reiche, und wir fassen kaum den Niederschlag“[40]). Und wenn sie doch, in ungeheuren Nächten, uns erschienen, „uns ringender zu prüfen“[41]), sie gingen „wie Erzürnte durch das Haus und griffen uns, als ob sie uns erschüfen und brächen uns aus unsrer Form heraus“[42]).

So wird auch an dieser Stelle noch einmal, unter dem Symbol des Engels, der Abgrund deutlich, der uns Menschen — „ewig eingeschränkt, verdunkelt und verpflichtet“ — von der Größe und der Glorie Gottes trennt: „Leuchte, leuchte! Mach mich angeschauter bei den Sternen. Denn ich schwinde hin“[43])

Erst damit aber ist die ästhetisch-künstlerische Schau der Welt des mittleren und frühen Rilke wahrhaft überwunden; aufgehoben in die höhere, die tragisch-religiöse, in innigster Verbindung und Durchdringung beider. Denn es gibt nur Tragik, weil es auch Erlösung gibt, und nur Trennung, weil es Einheit gibt: „Du würdest mich nicht suchen, wenn du mich nicht schon gefunden hättest“. (Augustin).

Und nun die Botschaft der Rilkeschen Engel — denn auch sie sind Boten und Träger von Verkündigung! Diese aber entstammt zunächst nicht der himmlischen Welt, sondern: der Erde, deren höchsten Auftrag der Dichter als innere Verwandlung und Verklärung verstand; als die unendliche Aufgabe des menschlichen Herzens, alles Sichtbare immer tiefer in Unsichtbares zu wandeln. Nicht im Sinne einer Flucht aus der Welt, sondern „als tiefstes Inbesitznehmen der Erde", weil es nun einmal nach der Auffassung Rilkes: „unsere Aufgabe ist, diese vorläufige, hinfällige Erde uns so tief, so leidend und so leidenschaftlich einzuprägen, daß ihr Wesen in uns „unsichtbar" wieder aufersteht"[44]).

Der Engel der Elegien aber ist „dasjenige Geschöpf, in dem diese Verwandlung des Sichtbaren in Unsichtbares, die wir leisten (leisten sollen!) schon vollzogen erscheint"[45]). Darum ist er auch „schrecklich, weil wir, seine Liebenden und Verwandler, doch noch am Sichtbaren hängen"[46]).

Überschaut man dies alles und versucht es zusammenzufassen, so könnte man sagen: Es ist Rilkes eigenes innerstes Wesensgesetz, das auf eine immer tiefere Durchleuchtung und Durchgeistigung der Welt drängte, welches in der Erscheinung des Engels seine letzte Steigerung und Vollendung erfuhr, da der Dichter nun einmal „im Unsichtbaren einen höheren Rang der Realität erkannte" als in der sichtbaren Welt[47]). So wird der Engel zur vollendeten Darstellung des Rilkeschen Karma und zugleich höchstes Symbol seiner überzeitlichen Sendung. Die „Schrecklichkeit" des Engels aber verdeutlicht noch einmal — und zwar auf dem Gipfel! — jene alles verzehrende Spannung von Existenz und Sendung, die das ganze Leben und Schaffen des Dichters formt und beherrscht.

Literatur.

1) *So Meister Eckhart.*

2) *So unterscheidet Ed. Spranger den Typus des immanenten und transzendenten Mystikers und die gebrochene (dualistische) religiöse Natur (vgl. „Lebensformen", 2. Aufl., Halle 1922, S. 214ff.).*

3) *So Meister Eckhart bes. in der Predigt „Vom Gottesreich" aus der von Jostes erschlossenen Nürnberger Quelle (vgl. hierzu auch d. Übertragg. von H. Büttner, 2. Aufl., Jena 1912, II. Bd., S. 204, 228).*

4) *Vgl. hierzu bes. Rud. Otto: Das Heilige. 4. Aufl., Breßlau 1920, S. 23.*

5) *Fedor Stepun: Die Tragödie des mystischen Bewußtseins. Logos.*

6) *G. W. II, 342.*

7) *Briefe aus Muzot S. 185.*

8) *Rudolf Otto: West-Östliche Mystik; Gotha 1926. S. 199ff.*

9) *Hölderlin: Der Tod des Empedokles.*

10) *Vgl. Karl Justus Obenauer: Der faustische Mensch, S. 165. (Diederichs, Jena 1922.)*

11) *Plato: Jon S. 534. D. u. Erwin Rohde: Psyche II, S. 19.*

12) *Stefan George über sich selbst im „Stern des Bundes". (S. 27.)*

13) *Gemeint sind die anderen Völker.*

14) *Vgl. hierzu den ausgezeichneten Aufsatz von Friedrich Beißner: Rilkes Begegnung mit Hölderlin (Dichtung u. Volkstum, 37. Bd., 1. Heft, 1936. S. 36).*

15) *„Deus absconditus".*

16) *10. Elegie. (III, 302).*

17) *Ges. W. II, 265 („In tiefen Nächten").*

18) *Novalis: Fragmente (Wolfgang Jess Verlag).*

19) *7. Elegie (Ges. W. III, 290).*

20) *„Im Innern ist ein Universum auch" (Gott, Gemüt und Welt).*

21) *7. u. 9. Elegie u. Briefe aus Muzot S. 334ff., vgl. auch die ausgezeichneten Arbeiten von Heinrich Cämmerer u. Mien Theisen in dem Rilke-Sonderheft von Dichtung und Volkstum 37. Bd., 1. Heft, 1936, S. 60ff.*

[23]) *Dichtung u. Volkstum a. a. O. S. 35. (Eva Sichels: Rilke u. Kaßner.)*

[24]) *Dies ist einer der Hauptgründe, warum ich den oft wiederholten Vergleichen zwischen Rilke u. Nietzsche nicht zuzustimmen vermag. (Vgl. hierzu besonders die geistvollen Arbeiten Fritz Dehn: Rilke u. sein Werk, Leipzig; Dichtung u. Volkstum a. a. O. S. 1.)*

[25]) *Vgl. hierzu den überaus schönen Aufsatz von Walther Rehm (München) über „Wirklichkeitsdemut u. Dingmystik" („Logos": 1930 Bd. XIX, Heft 3), auf den ich immer wieder hinweisen muß.*

[26]) *Schillers Werke (Großherzog-Wilhelm-Ernst-Ausgabe, Leipzig; Insel) Bd. 4, S. 532.*

[27]) *Ges. W. IV, 376.*

[28]) *Rehm: a. a. O. S. 329.*

[29]) *Vgl. Wölfflin: Goethes ital. Reise. Jahrb. d. Goethegesellschaft 1926 S. 327—37.*

[30]) *Vgl. Rehm: a. a. O. S. 298/99. (Vgl. auch d. Brief an Herder vom 13. Jan. 87.)*

[31/32]) *Vgl. Rehm: a. a. O. S. 332; 335.*

[33]) *Rehm: a. a. O. S. 336.*

[34]) *Stundenbuch. Ges. W. II, 246.*

[35]) *Vgl. das Gedicht: Orpheus. Eurydike. Hermes. Ges. W. III, 99.*

[36]) *Ges. W. III, 307/08.*

[37]) *2. Elegie.*

[38]) *Briefe aus Muzot S. 333ff.*

[39]) *Späte Gedichte S. 43.*

[40]) *Späte Gedichte S. 5.*

[41]) *Vgl. d. Gedicht: Der Engel (Neue Ged. I) Ges. W. III, S. 49.*

[42]) *a. a. O.*

[43]) *Späte Gedichte. S. 6.*

[44]) *Briefe aus Muzot S. 335.*

[45]) *a. a. O. S. 337.*

[46]) *ebenda.*

[47]) *ebenda.*